AF191868

Negatiiviset olennot

Negatiiviset olennot

Äiti Marian opetuksia
osa III

Karmen Shi Englan

Copyright © Karmen Shi Englan 2009

Kaikki oikeudet pidätetään. Mitään osaa tästä kirjasta ei saa ilman kirjailijan lupaa jäljentää tai siirtää eteenpäin missään muodossa tai millään keinoin; elektronisesti tai mekaanisesti mukaan lukien kopioinnin, äänityksen tai minkä tahansa muun menetelmän.

Valmistaja:
Books on Demand GmbH, Norderstedt, Saksa /

Kustantaja:
Books on Demand GmbH, Helsinki, Suomi

Kannen kuva:
Shi Asseri

Julkaistu yhteistyössä
BioforceCenter association ry:n kanssa.

Ensimmäinen painos

ISBN-13: 978-952-498-212-2

Sisällysluettelo

Karmen Shi Englan

Minä olen Karmen Shi Englan ja olen kanava rajantakaisille auttajillemme.

Olen saanut kokea mitä suurinta iloa oppiessani tämän kirjan myötä paljon siitä asiasta, ettei ole mitään pimeyttä maailmassa, vaan kaikki on todellakin rakkautta eikä mitään muuta ole. Vaikka välillä ihmisenä vaeltaessa siltä tuntuu, että kaikki asiat ovat vain pimeyden olentojen aikaan saamaa. Mutta nyt olen oppinut, että jokainen luo itse ne olennot ja negatiiviset tuntemuksensa, joita itse kärsii ja kokee.

Ja olen oppinut myös sen ilouutisen, että noista negatiivisista tunteista ja ajatusten luomista negatiivisista olennoista on myös helppo päästä eroon. Ja eroon päästessään voi samalla nostaa maapallon rakkausenergiatasoa korkeammalle tasolle.

Eli tämän kirjan opetukset ovat antaneet minulle monia ilon, onnellisuuden sekä rauhan ja rakkauden tunnetiloja. Joten nyt rakas lukija toivon, että sinäkin voit kokea noita samoja tuntemuksia kuin minä. Ja tämän kirjan luettuasi voit itsekin todeta, että niinhän se asia on.

-Karmen Shi Englan-

Taivasten valtakunnan rakkaus

Kaunis on taivas
ja kaunis on maa
ja rakkaus on kauneinta
päällä maan.

Vaan yksi on ylitse muiden
ja se on tuo taivaan ylevä kauneus,
joka taivaalta vilkuttaa.

Ja tuon rakkauden määrällä
ei ole rajaa,
joka taivasten valtakunnasta
meille loistaa.

Ja aina on ollut tiedossa se,
että kuolema
tuo sen autuuden.

Mutta aina voi kokea
ihminen sen,
kun kätensä ristiin
vain laittaa hän.

Joten rukoile
rakas lapseni mun,
niin tiedät,
että aina on autuus sun.

Ja vielä kun muistat
sä yhden asian, että aina,
kun jotakin uskoen pyydät,
niin aina sä tiedät
myös saavasi sen.

Mutta aina myös muista
sä kiittää siitä,
mikä taivasten valtakunnasta
annettu on,
niin silloin myös pitää sen
saat sä aina.

9

Äiti Marian johdanto

Jumalan nimeen minä olen Äiti Maria teidän maapallon ihmisten suojelusenkeli. Ja haluan nyt toivottaa teidät tervetulleiksi lukemaan tätä kirjaa.

Ja sen nyt teille sanon, että te olette itse oman elämänne luojia aivan jokaisen asian suhteen, joten te itse luotte myös kaiken negatiivisen tänne maapallolle. Joten nyt rakas lukija ole hyvä ja paneudu tämän kirjan opetuksiin, niin voit niin halutessasi omalta osaltasi olla vähentämässä maapallolla vaikuttavan negatiivisen energian määrää.

Joten ole nyt hyvä ja tutustu henkisen kasvun pimeäksi kutsuttuun harhamaailmaan.

Ole siunattu Pyhän Hengen, Jumalan rakkauden ja Jeesuksen Kristuksen nimeen, Aamen.

Uusien tunteiden aika

Oli sellaisia aikoja maailmassa, ettei ollut aikaa liiaksi miettiä erilaisia asioita. Oli työtä ja työtä ja jos ei työtä tehnyt, niin ei voinut elää. Mutta nykyään on niin paljon kaikenlaisia apuvälineitä ja koneita, joilla helpotetaan ihmisten elämää. Ja niiden koneiden avulla ihminen voi nykypäivänä käyttää enemmän aikaa siihen, että hän ajattelee ja opiskelee sekä myös uudistaa ajatusmaailmaansa. Ja sellainen ei ollut aiemmin mahdollista, eikä ollut tarkoituskaan, sillä ennen aiempia sukupolvia oli aika, jolloin oli vain tarkoitus kokea erilaisia fyysisiä tuntemuksia. Ja vielä tänä päivänäkin on seutuja, joissa ei muuta voi kuin tuntea fyysisiä tuntemuksia. Mutta jo suuressa osin maailmaa voi kokea tunteita, joihin ei ennen ollut aikaa.

Ja tuo uusien tunteiden kokeminen tuottaa ihmisille erilaisia kokemuksia, joihin ihmissielu on eri syntymiensä saatossa tottunut. Ja on niin, että kun ihmissielu nyt noita kokemuksia kokee, niin hänellä on ikään kuin sellainen opiskeluvaihe. Vaikka totuushan on, että ihmissielu on osa Jumal-energiaa ja Jumal-energia on kaikki mitä on, joten mitään uutta se ei voi oppia.

11

Mutta ihmissielun unohduksen mahdollisuus on mahdollistuttanut sen, että sielu voi aloittaa kaiken alusta unohtamalla sen täydellisyyden ja kaiken tietävän olotilan, joka sille on ominainen. Ja sen jälkeen hänelle on kaikki uutta ja jokainen uusi tunne on hänelle uuden asian opettelua.

Ja sielun muisti muistaa aina kuolemien ja syntymien välissä ne kokemukset, joita se on saanut kokea, mutta ei sitä täydellisyyttä, joka se silloin ennen ensimmäistä syntymiskokemustaan koki.

Eli tosiaan on niin, että tavallaan sielu aina uudelleen syntyessään ottaa opeteltavakseen uusia asioita. Ja kun hän on oppinut kaikki mahdolliset tunne- ja kokemustilat, niin silloin hän on jo niin lähellä alkuperäistä Jumaluus-tilaansa, että se ei enää välttämättä halua syntyä maan tai muun planeetan päälle kokeakseen jotain. Ja silloin hän yleensä jääkin rajan taakse autuuden tilaan, mutta silti hän voi jatkaa opiskeluaan olemalla henkisenä oppaana rajan toisella puolella eläville tai sitten hän voi muutoin opiskella henkisiä lakeja tai jopa yrittää totutella enkelienergioiden ylempään tasoon. Ja se onkin sitten jo taasen aivan uusi maailma.

Mutta se, että on olemassa niin monia eri kokemustiloja eri paikoissa ja eri tasoilla antaa sielulle mahdollisuuksia edetä henkisellä tasollaan aina vain ylemmäs ja ylemmäs. Mutta se, että ihmissielu voi nykyään jo keskittyä enemmän siihen ajattelemiseen antaa mahdollisuuden siihen, että hän jo yhden elämän aikana voi nousta monta eri tasoa ylemmäs niin halutessaan. Mutta yleensä ihminen ei nouse moneen elämään yhtään tasoa, vaan pysyy aina samalla tasolla, sillä se vaatii ihmissielulta paljon, että se voi nousta ylemmälle tasolle.

Mutta moni Mestari on elämänsä aikana noussut tosiaan monia tasoja ylemmäksi, joten se on mahdollista. Mutta se vaatii sekä hyvän sydämen, egon poistamisen sekä myös paljon henkistä oppimista ja aina siihen ei ole aikaa eikä haluakaan.

Mutta nyt siihen asiaan, että miksi tätä nyt teille kerron. Eli on niin, että tänä päivänä maapallon rakkausenergiataso nousee pikkuhiljaa ja sen tähden moni sielu kärsii, koska se on tottunut elämään alemmalla energiatasolla. Ja jos on niin, niin silloin sielu on tottunut siihen, että hän elää myös alempien värähtelyjen maailmassa, jossa on paljon elementaaleja eli sellaisia olentoja, joita ihmisen ajatukset ovat luoneet.

Ja nuo alemman energiatason elementaaliolennot pääsevät nyt tämän korkeamman rakkausenergiatason vuoksi helpommin sellaisten ihmissielujen kiusaksi, jotka eivät itse vielä ole riittävän korkealla tasolla.

Eli nyt me elämme aikaa, jona moni alhaisen energiatason ihmissielu kärsii hallusinaatioista ja kaikenlaisista sellaisista olennoista, jotka kuiskivat ihmisten korviin mitä kamalampia asioita.

13

Ja ne myös pyrkivät vaikuttamaan ihmisten ajatus-
maailmaan siten, että ihminen valitsisi sen kaikkein
rakkaudettomimman valintansa, jotta heidän eli
noiden alemman tason elementaaliolentojen elintila
ei häviäisi.

Eli on niin, että kun maapallon rakkausenergiataso
nousee riittävän korkealle, niin tuolloin käy niin,
ettei enää ole sellaisia olentoja tai ihmissieluja, jotka
pystyisivät elämään vain alemmalla energiatasolla.

Eli rakkaat ihmissielut, se että maapallon rak-
kausenergiataso on nyt nousemassa tarkoittaa sitä,
että te olette pääsemässä eroon alemman energiata-
son negatiivisista elementaaliolennoista. Ja se taa-
sen tarkoittaa, että rauhan ja rakkauden aika on
koittamassa, Aamen.

Elä terveyttä

Hyvät ovat tavat sellaisella ihmisellä, joka aina muistaa kiittää kaikesta, mitä on saanut. Mutta kiitetäänkö kuitenkin vain silloin, kun on saanut jotain sellaista, joka ei kuulu jokapäiväiseen arkeen? Vai osaavatko ihmiset esimerkiksi kiittää riittävästi siitä, että voi elää terveenä ja siitä, että mieli on tasainen ja tyyni? Vai onko niin, että sitten vasta osataan kiittää, kun tulee kärsimystä ja sen jälkeen päästään siitä kärsimyksestä?

Ja se, miksi jälleen tällaisia kysymyksiä teille mietittäväksi annan on se, että koska ihminen ei muutoin osaa elämästään nauttia, niin ihmiselle tulee välillä antaa jos jonkinlaista kärsimystä. Ja sitten kun jälleen kärsimys on ohi, niin sitten taasen osataan eri tavalla nauttia siitä terveyden ja rauhan olotilasta.

Mutta nyt on niin, että se aika, että aina tarvittaisiin ensin kärsimystä, jotta voisi elämästä nauttia alkaa olla ohi, sillä nyt on tulossa aika, jona ihmiset eivät enää tarvitse kärsimystä osaakseen nauttia terveydestään. Mutta unohtuuko se terveydestä nauttiminen silloin? te kysytte ja minä vastaan, että on olemassa myös toisenlaisia tapoja siihen, että muistaa nauttia elämästään ja siitä minä kerron nyt.

15

Ja on niin, että kun ihminen aina aamuisin muistaa kiittää siitä, että on rauhallinen ja hyvä olla, niin tuolloin hän voi sen myös aistia paremmin. Ja jos sen huomaa tehdä aamuisin herätessään, niin silloin olo myös pysyy hyvänä. Mutta se, että jos ei niin tee, niin sitten taas tarvitaan jotain muistuttamaan ihmistä.

Ja jos ei nyt haluta enää kärsiä, niin on kuitenkin muita olotiloja, jotka poikkeavat autuuden tilasta. Ja esimerkiksi se, että on kylmä riittää siihen, että kun taasen on lämmin, niin silloin siitä taasen osaa paremmin nauttia.

Mutta se, että mieliala heittelee onkin jo toinen asia. Ja tosiaan on niin, että monen ihmisen mieli tekee tepposiaan tänä päivänä alempien energioiden kiusatessa ihmistä. Ja siihen on myös apunsa ja siitä kerron teille seuraavassa luvussa.

Mutta nyt haluan vielä ehdottaa teille sellaista aamuisin toistettavaa rukousta, jotta voisitte oppia nauttimaan terveyttä täynnä olevasta tavallisuuden tilasta. Ja tässä sellainen aamurukous olisi:

Kiitos terveydestä

Rakas taivaallinen Isä,

kiitos siitä,

että saan jälleen tänään

nauttia siitä ihanuuden tilasta,

joka valtaa kehoni nyt,

kun ei ole muuta kuin täydellinen

ihmissielun autuuden tunne.

Ja kiitos siitä,

että tämä autuas terveyden

ja rauhan olotila

kestää kehossani koko päivän

ja voin nauttia siitä,

että olen syntynyt tänne maan päälle

kokeakseni täällä sen

rauhan ja rakkauden tunteen,

joka minun sielulle on ominainen.

Kiitos, kiitos, kiitos.

Aamen.

Ja tämän rukouksen kun teet aamuisin, niin voit huomata, että päivästä on tuleva rauhan ja rakkauden täyteinen. Ja mikä onkaan sen ihanampaa kuin voida elää rauhassa ja rakkaudessa.

Olemassaolon salaisuus

Olemassaolon salaisuus on sellainen salaisuus, jota moni ihminen miettii. Eli se, että onko rajantakaista elämää ja se, että mistä me sielut oikein olemme lähtöisin ja että mitä oli ennen kuin tämä syntymien alku oli.

Eli nyt haluan kertoa teille siitä, että mitä oli silloin ennen kuin teidän uudelleen syntyminen oli alkanut. Eli on niin, että ensin oli vain ykseys eli kaikki oli yhtä eli ei ollut muuta kuin yksi ja muuta ei ollut. Joten oli vain yksi olotila ja se ei voinut verrata itseään mihinkään. Eli tavallaan se oli kaikki mitä on, joten se ei oikeastaan voinut olla mitään, sillä jos vain on yksi, niin silloin ei voi sanoa, että se olisi kuuma koska ei ollut kylmää eikä voi sanoa, että se oli kova koska ei ollut pehmeää. Eli nyt jo ymmärrät, että se ei oikeastaan ollut mitään, vaikka se sisälsi kaiken mitä nytkin on.

Joten tuli tehdä muutos tuohon ykseyden tilaan. Ja sen sai aikaan yksi pienen pieni monardiksi kutsuttu jyvänen ja sitä kutsutaan myös monadiksi, mutta minä käytän nyt mieluummin sanaa monardi. Ja se on nyt niin, että tuo monardi-hiukkanen oli sellainen alkuun paneva hiukkanen. Ja sillä oli ajatus ja ajatustahan kaikki tuolloin oli.

Ja tuo yksi ajatus päätti, että tehdään toinen ja toinen pää eli tehdään sellainen dipoliksi kutsuttu muodostelma. Eli kerätään toiseen päähän negatiivisia ajatuksia ja toiseen positiivisia. Ja sitten ryhdytään jakamaan sitä yhä laajemmaksi.

Eli nyt ei sitten enää ollutkaan vain ykseys, vaan monardista oli nyt lähtenyt dipoli, jossa oli kaksi vastakkaista päätä. Eli olikin kaksi eikä enää vain yksi. Ja nyt oli kaksi päätä ja ne olivat vastakohdat toisilleen ja väliin jäi tila, johon alkoi muodostua monia erilaisia olomuotoja. Ja pikkuhiljaa tuo dipolijärjestelmä alkoi laajeta voimallisesti niin, että dipolin sisällä olevat eri tunteet jakaantuivat edelleen ja pikkuhiljaa nuo eri tunteet alkoivat kerääntyä ryppäiksi ja ne alkoivat kerääntyä materiaksi ja siitä alkoi ensimmäisten atomien muodostuminen. Ja sitten jo tiedättekin loput.

Mutta se, että nyt ei enää ollut ykseys, niin se toi myös kaksi tasoa. Eli oli täydellisyyden tila ja sitten oli myös epätäydellisyyden tila. Ja tuohon väliin jäi raja. Ja voidaan sanoa, että täydellisyyden tila on täällä toisella puolella enkelien ja oppaiden maailmassa, jota ykseydeksi kutsutaan ja te siellä maan päällä elätte epätäydellisyyden eli erillisyyden tilassa. Ja se mikä on tärkeää tietää, niin ego on se, joka on dipolin toisessa päässä ja toisessa on rakkaus. Eli ilman tuon egon negatiivisia tunnetiloja ei olisi erillisyyttä, joten ego tekee teidän kaikki tunteenne mahdollisiksi.

Mutta se myös vaikuttaa elämään, joten välillä on hyvä, että irrottautuu vähäksi ajaksi egostaan, niin tuolloin elämä helpottuu ainakin hetkeksi. Ja meditoimalla pääset aina tuohon tilaan, jossa et ole egon kiusattavana, vaan olet aina täynnä puhdasta rakkautta ja siten aina kun meditoit voit puhdistaa itseäsi. Ja aina meditoidessasi tuota rakkautta kerääntyy paljon kehoosi, joten voit meditoinnin jälkeen olla paljon paremmassa terveydellisessäkin tilassa kuin ennen meditointia. Joten rakas lukija meditoi päivittäin jos haluat olosi rakkautta ja terveyttä hehkuvaksi, Aamen.

Negatiiviset olennot rakkausenergiaksi

Ihania aamuja on tiedossa, kun itse päätät, että aamut ovat ihania. Ja niin on, että ihminen itse luo itselleen jokaisen aamun ja jokaisen tunteen. Ja niin on, ettei yhtään kokemusta muutoin tapahdu, jollei ihminen itse sitä itselleen ole ennen syntymäänsä sopinut.

Mutta sitä on nyt vaikea ymmärtää, että miksi ihminen sopii sellaisia asioita, että hän eläessään ajattelee negatiivisia ajatuksia. Ja noiden negatiivisten ajatuksien myötä hän muodostaa elementaaleja eli negatiivisia olentoja, joilla on alhainen energiataso. Mutta niin vain on, että jopa noita negatiivisia olentoja tarvitaan, jotta ihmisillä olisi mahdollisimman rikas tunteiden sekamelska. Mutta on niin, että nyt on jo koettu niin monet tuskat, että nyt on aika siirtyä sellaiseen elämäntapaan, josta on elementaalit poistettu. Ja siihen tarvitaan nyt elämässä sellaisia valintoja, ettei elementaaleja enää synny eikä niillä ole enää voimia elää. Joten sen aika on nyt tullut, että ihmiset ryhtyisivät elämään siten, että vain kaikkein rakkaudellisimmat olennot voisivat vaikuttaa ihmisten elämään.

Ja miten se sitten tapahtuu, on niin, että kaikki teidän valintanne vaikuttavat siihen energiatasoon, jossa maapallon ihmiset elävät. Joten aina kun ihminen jotakin valitsee, niin hänen valintansa mukaisesti maapallo saa ihmisen kautta joko paljon tai vähän rakkautta. Ja niin on, että ihminen nyt tämänkin valinnan itse tekee, että milloin ihmissielu on valmis siihen, ettei alempaa energiatasoa enää ole.

Eli jokainen syntyvä ihminen on ennen syntymäänsä sopinut eri vaihtoehtoja elämänsä valintatilanteisiin ja jos hän niin haluaa, niin hän voi edelleen valita aina sen kaikkein rakkaudettomimman eli egon täyteisen valinnan ja silloin ei maapallo vielä saa sitä tarvitsemaansa rakkautta, jotta nuo ihmissieluja kiusaavat elementaaliolennot saataisiin poistumaan. Ja silloin te ihmiset elätte vielä mahdollisesti jopa vuosisatoja samassa tilanteessa kuin nyt. Mutta siihen aiempaan olotilaan, jossa te elitte vielä 1000-luvun alussa ei ole enää paluuta ja silloin teitä kiusasi vielä moni sellainen olento, joka ei enää ole teidän kiusananne.

Eli on niin, että kaikenlaisia demoneja oli tuolloin paljon enemmän kuin nyt, mutta nyt teidän planeettanne on jo niin korkealla tasolla, että monet niistä kummituksista ja demoneista ovat muuttuneet valoksi ja rakkaudeksi ja näin ollen ne eivät enää kiusaa.

Mutta edelleen teillä on niitä elementaaleja, jotka kuiskivat ihmisten korviin, aiheuttavat sairauksia, ahneutta ja kaikenlaista pahaa. Joten kun te nyt vain ryhdytte työhön eli alatte valitsemaan enemmän Maailmankaikkeuden huomioon ottavia eli jokaisen maapallon olennon huomioon ottavia rakkaudellisia valintoja, niin pikkuhiljaa te pääsette korkeammalle rakkauden täyteisemmälle energiatasolle. ja tuolloin teidän elämänne helpottuu.

Ja jos sinä valitsetkin niin, että sinä tässä elämässä ryhdyt valotyöntekijäksi eli ryhdyt oikein työksesi muuttamaan maapallon energiatasoa, niin silloin voit moninkertaisesti nostaa sitä energiatasoa ylemmäksi, sillä on monia tapoja esimerkiksi poistaa yksittäisiä elementaaleja siten, että ihminen muuttaa ne valoksi ja rakkaudeksi. Ja niin tuleekin aina tehdä, sillä jos vain käskee elementaalin esimerkiksi jonkun ihmisen kehosta pois, niin se tarrautuu seuraavaan kohteeseen, joka voi olla esimerkiksi tuon ihmisen hoitaja, joka elementaaliolentoa yrittää poistaa. Eli on tärkeää se, että kun elementaaleja poistaa, niin tulee samalla muuttaa se valoksi ja rakkaudeksi lausumalla esimerkiksi rukouksen kuten seuraava rukous:

Muutu rakkaudeksi

Kiitos Jumala,
Isä Kaikkivaltias siitä,
että nyt muutat tämän
negatiivisen energiakertymän
rakkaudeksi.

Ja kiitos siitä, että nyt
jokainen negatiivinen hiukkanen
ja ajatuskertymä muuttuu
nyt vaaleanpunaiseksi usvaksi,
joka on täynnä rakkautta.

Ja kiitos siitä,
että tuo vaaleanpunainen usva
loistaa Jumalallista valoa.

Ja kiitos, että nyt tuo uudistunut energia
voi nostaa maapallon energiatasoa
korkeammalle rakkausenergiatasolle.

Kiitos, kiitos, kiitos,
Aamen.

Joten aina kun poistatte elementaaliolentoja muuttamalla ne rakkaudeksi, voitte samalla nostaa maapallon energiatasoa voimallisemmin kuin vain valitsemalla niitä rakkauden täyteisimpiä valintoja.

Mutta kun nuo molemmat keinot yhdistää ja vielä kun mahdollisimman moni niin tekee, niin silloin te voitte nauttia elämästänne maapallolla jo aivan kohta ja silloin teidän elämästänne puuttuu monta tuskallista asiaa. Mutta tilalle tuleekin aivan uudenlaisia tunteita eli sellaisia rakkaudellisia tunteita, joita ette ole voineet tuntea ollessanne alemmalla energiatasolla. Joten tietäkää, että silloin te ette enää tarvitse niitä kurjia tunteita, sillä silloin teistä tuntuu tämä normaaliuden olotila kurjuudelta ja sitten on olemassa se toinen ääripää, jota ette vielä ole voineet kokea.

Joten tiedätte nyt, että mitä nopeammin ryhdytte maapallon energiatasoa muuttamaan, niin sitä nopeammin te voitte kokea jotain aivan uutta ja ihanaa, Aamen.

Usko suojaa sielua

Monia tuhansia ihmisiä on kuollut itsemurhan kautta. Ja useimmiten syynä tähän hirmutekoon ovat olleet alemman energiatason elementaaliolennot, jotka ehdottavat ja jopa käskevät ihmisen tehdä itselleen pahaa ja jopa tappaa itsensä.

Ja on niin, että noiden olentojen energia kasvaa aina siitä, kun ne saavat jonkin ihmisen tekemään pahoja asioita. Joten niiden pyrkimys on aina vain tehdä ihmismieleen sellaisia ajatuksia, että ihminen tekisi mahdollisimman rakkaudettomia valintoja elämässään. Sillä jos ihminen ei tee rakkaudettomia valintoja, niin silloin ei ole elementaaliolentojen käyttöön alhaisempaa energiaa ja silloin niiden elintila vähenee. Ja sen tähden, jos ihminen ryhtyy kasvattamaan itseään henkisesti, niin silloin nuo elementaaliolennot ikään kuin hyökkäävät sellaisen ihmisen kimppuun, jotta heidän tarvitsemansa energia ei häviäisi.

Mutta se, että ne hyökkäävät sellaisen henkistä kasvuaan aloittelevan ihmissielun kimppuun ei tarkoita sitä, etteikö ihminen sitten voisi edetä henkisellä tiellään ilman noita negatiivisten energioiden aiheuttamia olentoja, vaan ihmissielu voi aina suojata itsensä niin, etteivät nuo olennot pääse lähelle.

Ja niitä keinoja on monia. Ja se mitä keinoa siihen käyttää on aivan sama, mutta tärkeää on se, että ihminen suojatessaan uskoo suojan olevan täydellinen ja silloin se myös on täydellinen. Eli on niin, että jos ihminen uskoo valkosipulin kynnen pitävän alemmat olennot pois omasta aurastaan, niin silloin asia myös on niin. Samoin jos ihminen uskoo Kristuksen kultaisen säteen suojaavan häntä kaikelta alemmalta energialta, niin silloin niin on.

Eli se keino, jolla ihminen itsensä suojaa voi olla mikä tahansa kunhan siinä on vahva usko mukana. Ja tietysti tulee myös jälleen kiittää siitä, että tuo suojaus on täydellinen. Ja sitten kun itsensä on täydellisesti suojannut, niin sen jälkeen hän voi turvallisin mielin tutustua rajantakaiseen elämään, sillä suojauksen jälkeen vain kaikkein korkein rakkausenergia pääsee kanavoitumaan ihmissielun auraan. Ja kun tuo korkeavärähteinen rakkausenergia tulee auraan, niin silloin ihmisellä on hyvä olla ja hän tuntee itsensä turvalliseksi ja suojatuksi. Mutta heti jos olo tuntuukin jotenkin tukalalta tai muutoin vastenmieliseltä, niin silloin tuo suojaus on pettänyt ja silloin tuo rajantakainen yhteys tulee heti lopettaa. Ja ihminen voi pyytää rajantakaisilta auttajilta niin, että aina kun on yhteydessä heihin, niin he aloittaisivat puheensa tai viestinsä antamisen siten, että he sanovat ensin esimerkiksi "Jumalan nimeen" tai "Herramme Jeesuksen Kristuksen armo on suonut minulle että ".

Ja näin jatkaen heidän tulisi vielä ilmoittaa se, että ketä he ovat. Ellei nimeä niin se taho, josta he tulevat tai jokin sellainen ilmoitus siitä, että kuka on kyseessä, niin silloin voi olla aivan varma siitä, ettei kyseessä ole jokin valehteleva alempi olento.

Sillä on niin, että jos alemman energiatason olento yrittää viestittää sanoja Jumalan nimeen, niin silloin tuolta elementaaliolennolta lähtee energiaa, koska jo noin korkeavärähtelyisen sanominen tuhoaa niiden alempaa negatiivista energiakertymäänsä muuttaen sitä rakkausenergiaksi.

Eli nyt voit ymmärtää, miksi alemman tason elementaali ei voi eikä halua sanoa sanoja "Jumalan nimeen" tai "Herramme Jeesuksen Kristuksen armo on suonut minulle että ".

Ja nyt siihen asiaan, mistä nyt haluan teille puhua. Eli on niin, että minä Äiti Maria olen Jumalan nimeen sellainen korkeavärähteinen enkelitason olento, joka toimii kaikkien ihmissielujen suojelusenkelinä. Ja jos sinä haluat itsellesi mahdollisimman hyvän suojauksen, niin tee niin, että pyydät aina minut ohjaamaan rajantakaista yhteyden pitoasi, niin silloin sinä sen saat. Ja tiedät olevasi niin hyvin suojattu kuin vain ihmissielu olla voi.

Joten jos olet ajatellut, että haluaisit jotakin ohjausta esimerkiksi meditointitilassa, niin pyydä, että Jumalan nimeen minä Äiti Maria ohjaan tuota hetkeä niin, että sinä olet suojattu korkeimmalla mahdollisella rakkausenergialla, niin silloin voit luottavaisin mielin ottaa vastaan sen viestin, joka sinulle meditaatiotilassa annetaan.

Ja tuo viesti voi tulla sinulle kuvana tai sitten ajatuksena tai uutena ideana tai voit jopa nähdä näyn tai oppaasi antamassa sinulle jotakin vai vaikka oman suojelusenkelisi kuiskaamassa tai puhumassa sinulle. Eli se, miten sinä vastauksesi saat on siitä asiasta kiinni, että minkälaisen viestin olet itse valmis vastaanottamaan.

Eli jos mielessäsi ajattelet, että en minä halua nähdä enkeliä enkä halua kuulla ääniä, koska minua alkaisi pelottamaan, niin silloin sinä et sitä näe tai kuule, niin voikin silloin olla, että saat vastauksen jota kaipaat vasta seuraavana päivän sanomalehdestä. Mutta sinun tulee olla avoin ottamaan vastaus vastaan, sillä jos heti kyseenalaistat sen, että onko tämä nyt se vastaus, niin silloin sinä et sitä onnistu saamaan.

Eli ole avoin ja tiedä heti, että kun ajatuksesi vähänkin miettii sitä, että onko se vastaus nyt tässä, niin tiedä heti, että niin se on, äläkä sen enempää mieti, vaan usko ja luota, että niin on. Ja tätä te kutsutte nimellä intuitio ja jos intuitioonsa oppii luottamaan, niin silloin ihminen pääsee elämässään pitkälle ja saa kaikkiin kaipaamiinsa kysymyksiin vastauksen.

Egon kurjat ehdotukset

Tuhansia ja taas tuhansia lupauksia on annettu ennen syntymää. Ja ne kaikki lupaukset ovat rakkaudessa sovittuja. Mutta yksi valinta on aina sellainen, joka on se kaikkein vähiten rakkautta sisältävä valinta. Ja tuo valinnan mahdollisuus antaa ihmisille luvan antaa elämänsä kulkea aivan kuten hän itse haluaa.

Mutta se tarkoittaa myös sitä, että kaikki negatiivinen energia voi päästä valloilleen, jos ihminen valitsee aina sen rakkaudettomimman valinnan. Sillä on niin, että kun ihminen valitsee sen vaihtoehdon, joka sisältää kaikkein vähiten rakkautta, niin silloin hän samalla valinnallaan valitsee elämäänsä tietyn määrän negatiivista alemman tason energiaa. Sillä jokainen valinta sisältää tietyn määrän energiaa ja riippuen valinnan rakkaudellisuudesta, niin siinä määrin se sisältää positiivista rakkausenergiaa ja loppu siitä valinnan energiasta on negatiivista energiaa.

Ja se on nyt niin, että jokainen valinta on etukäteen sovittu, joten on vain niin, että tavallaan ihminen maanpäällä eläessään valitsee oikeastaan vain sen energiamuodon mukaan, että miten hänen elämänsä etenee.

31

Eli lopulta niillä valinnoilla ei ole mitään yksittäistä merkitystä, vaan ihminen vain valitsee elämäänsä joko negatiivista tai positiivista energiaa.

Ja jos hän usein valitsee negatiivista energiaa, niin häntä kiusaavat monen monet elementaalikiusanhenget. Joten ihmisen on huomattavasti helpompi elää, jos hän useimmiten valitsee sen kaikkein rakkaudellisimman vaihtoehdon, sillä se tuo hänen auraansa positiivista rakkausenergiaa ja silloin kaikkein korkeavärähteisten enkelitason olentojen on helpompi auttaa sellaista korkean rakkaustason auran omaavaa ihmissielua.

Eli lopulta kaikessa on oikeastaan kyse siitä, että on kaksi ääripäätä eli negatiivinen ja positiivinen ja kaikki mitä sillä välillä on ovat osia niistä kahdesta ääripäästä. Mutta se ei nyt ole tärkeää ajatella niin, vaan on tärkeää ymmärtää se asia, että jos usein valitsee sen egon rakastaman negatiivisen vaihtoehdon, niin sillä tavoin tekee itselleen karhun palveluksen. Sillä se negatiivinen energia tuo elämään niin monenlaista harmia, mielipahaa ja sairauksia, että se ei kannata. Mutta toki ihmisellä on oikeus valita itselleen harmeja, jotta hän niiden harmien jälkeen voi jälleen osata nauttia jo pienemmistäkin ilon ja onnen asioista.

Mutta kuten jo olen aiemmin teille sen sanonut, niin jos te nyt valitsette usein sen kaikkein rakkaudellisimman valinnan, niin teidän maapallon energiataso tulee nousemaan, joten sitten te ette niitä

harmeja enää itsellenne tarvitse kokeaksenne on-
nen ja ilon tunteita vahvoina ja täydellisinä.

Joten rakas lukija nyt jo ehkä ymmärrät kuinka tär-
keitä ne kaikkein rakkaudellisimmat koko Maail-
mankaikkeuden huomioon ottavat valinnat ovat.

Joten tiedät nyt jo miten sinä rakas lapseni suhtau-
dut egon kurjiin ehdotuksiin, Aamen.

Chakrat ja positiivisuus

Kaikkeus ja maa ovat sellaisia sanoja, jotka tuntuvat välillä vähän oudoilta sanoilta. Ja tarkoitan nyt sitä, että mitä tarkoitetaan kaikkeudella ja mitä on maanpäällinen elämä. Eli siinä on nyt tavallaan raja välissä, mutta ei kuitenkaan ole, vaan maa ja maanpäällinen elämä on yhtä kaikkeuden kanssa.

Mutta Maailmankaikkeus sisältää myös henkisen tason ja siihen verrattuna siinä tosiaan on verho välissä. Sillä sen ylittäminen tuottaa aina pieniä ponnisteluja, vaikka se ei oikeastaan ole mikään konkreettinen raja tai verho, vaan se on vain sellainen tasojen ylitys aivan kuin nousisi porrasaskelman ylemmäs ja siihen tarvitaan aina pieni määrä energiaa. Samoin tarvitaan voimia, kun ylitetään maanpäällisen energiatason ja sitten rajan toisen puolen raja. Mutta siinä ylityksessä ei tarvita nyt lihasvoimaa, vaan tarvitaan sellaista henkistä voimaa. Ja tuota henkistä voimaa voi myös kasvattaa aivan niin kuin voi kasvattaa fyysisiä lihaksiakin.

Eli on niin, että kun ihminen on henkisesti vahva, niin hänen on helppo ylittää tuo tasojen, siis henkisten tasojen raja. Mutta jos hän ei ole henkisesti vahva, niin se rajan ylitys on raskasta.

Ja se ilmenee myös fyysisellä tasolla, jos sitä voimaa ei henkisellä puolella ole. Ja esimerkiksi energiahoitoa annettaessa ihminen, joka on vahva henkisesti, kykenee hyvin kanavoimaan rajan takaa annettua energiaa, mutta jos on heikko, niin silloin se tuntuu hoidon jälkeisenä fyysisenä väsymyksenä. Ja tuolloin voi olla myös syynä sekin, että on itse ottanut itselleen hoidettavalta energiaa, mutta niin ei tulisi tehdä, vaan tulee muistaa suojata itsensä ja antaa niiden huonojen energioiden muuttua rakkaudeksi tai sitten lähettää ne huonot olot ihmisestä esimerkiksi Maailmankaikkeuden neutralisoitavaksi.

Mutta nyt siihen asiaan takaisin, josta haluan nyt puhua. Eli henkisesti vahva ihminen voi helposti ylittää tuonpuoleisen rajan. Ja se on vahvalle ihmiselle niin helppoa, että hän ei edes mitenkään koe sitä ylitystä, mutta siihen tarvitaan paljon harjoitusta, sillä sellainen ihminen, joka vasta ensimmäisiä kertoja ylittää rajan tai ei ole sitä muutoin usein tehnyt, niin hänelle voi tulla hyvin kummallisia tuntemuksia, kuten sydämen tykytystä, huimausta ja väsymystä ja tärinää ja kaikenlaisia kummalliselta tuntuvia olotiloja. Mutta ajan mittaan ne loppuvat.

Ja miten tätä henkistä voimaa sitten voi kasvattaa, niin on sellaisia keinoja kuin esimerkiksi rukoileminen. Eli jos joka päivä rukoilee, niin se tuo kehoon positiivista rakkausenergiaa ja sen avulla ihminen vahvistuu henkisesti.

Ja kaikki sellaiset teot ja valinnat, jotka tuovat ihmiselle rakkausenergiaa vahvistavat ihmisen henkistä energiaa. Ja jos on valinnut aina ne kaikkein rakkaudellisimmat valinnat ja elää iloa ja onnea hehkuen, niin sellainen ihminen on erittäin vahva ihminen henkisesti katsottuna. Ja se vahvuus vaikuttaa myös positiivisessa mielessä koko elämän laatuun.

Mutta nyt keskitytään tähän rajan ylitys kysymykseen. No entä mitä hyötyä on rajan ylittämisestä? Niin se on sellainen asia, että aina kun te meditoitte ja silloin haluaisitte vastauksia tai neuvoja asioihin, niin silloin se raja tulee ylittää, sillä muuten te ette saa yhteyttä rajantakaisiin auttajiinne.

Ja siinä ylittämisessä ei ole mitään vaarallista, sillä on niin, että ihminen päättää aina itse omasta ruumiistaan. Eli ei voi koskaan käydä niin, että joku henkiolento ei esimerkiksi päästäisi ihmistä palaamaan takaisin ruumiin olotilaan, vaan ihminen voi aina itse päättää sen, että milloin haluaa palata takaisin autuuden tilasta.

Ja se, että joku ihminen vajoaa psykoosiin on sellainen asia, että silloin hän ei ole suojannut itseään riittävästi eikä myöskään ole riittävän vahva henkisesti hallitakseen omaa paluutaan takaisin omaan normaaliin olotilaansa. Ja sen tähden onkin hyvin tärkeää muistaa aina suojata itsensä mahdollisimman vahvasti.

Ja on valitettavasti niin, että tällaisista asioista ei puhuta riittävästi, sillä maailmassa on tuhansia ihmisiä, joille avautuu kanava rajan toiselle puolelle ikään kuin arvaamatta ja tuolloin ihminen ei ole valmistautunut siihen eikä hänellä ole mitään tietoa suojautumisesta. Ja yleensä ihmiset eivät ole henkisesti voimakkaita nykypäivän arjessa, joten aivan liian usein käy niin, että tuo raja avautuu ja ihminen jää osaltaan tuonpuoleiseen maailmaan, jolloin kaikki alemmat olennot voivat häntä kiusata lakkaamatta eikä kukaan voi häntä auttaa. Ja silloin on kyse erilaisista mielenterveysongelmista, joihin teillä ihmisillä ei vielä ole ollut muuta apua kuin ihmiskehon vahva lääkitseminen. Mutta totuus on se, että siihenkin on apu olemassa. Ja se on se, että ihminen itse tiedostaa tilansa ja hoitajan avulla hän voi tulla kokonaisuudessa pois tuolta rajantakaisesta maailmasta. Ja silloin hän voi jälleen tuntea olonsa terveeksi ja tuo rajan ylittäminen voi jälleen tapahtua suojatussa tilassa aivan kuin kenen tahansa kohdalla.

Mutta kun on ollut sellaisessa tilassa, että on osittain rajan takana ja osittain maan päällä, niin silloin ihmisen chakra-järjestelmään syntyy sellaisia aukkoja. Eli chakrat tavallaan rikkoontuvat ja silloin noista aukoista pääsee ihmisauraan niitä elementaaliolentoja, joista jo aiemmin puhuin. Eli jos chakroihin on tullut reikiä, niin ne tulee hoitaa kuntoon ennen kuin ihminen voi jälleen elää normaalia elämää.

Ja moni energiahoitaja osaa korjata niitä reikiä. Ja he osaavat jopa tunnustella chakroja siten, että he huomaavat, jos chakroissa on jotain toimintahäiriöitä. Ja chakrat ovatkin sellaisia henkisen energian hengityskeskuksia, joiden kautta ihmiskeho ottaa vastaan rakkausenergiaa. Ja niiden kautta myös negatiivinen energia pääsee poistumaan kehosta, joten ne ovat sellaisia ihmiskehon energiakeskuksia, joiden kautta kaikki energia kulkee.

Mutta emme nyt tässä yhteydessä perehdy niihin, vaan todetaan vain, että on ensiarvoisen tärkeää, että ihmisen chakrat ovat kunnossa, sillä jos ne eivät ole, niin ihminen sairastuu sekä henkisesti että myös ruumiillisesti.

Ja niitä reikiä chakroihin voi tulla monella muullakin tavalla kuin edellä mainitussa osittain henkiselle tasolle jäämisestä. Ja niitä reikiä voi tulla esimerkiksi alkoholin liiallisesta käytöstä kuten myös huumeiden, mutta myös monien muiden aineiden kuten jopa lääkkeiden liiallisesta käytöstä. Ja sitten niitä reikiä voi syntyä jopa liiallisesta vihoittelemisesta, sillä chakrat eivät kestä liiallista negatiivisen energian määrää.

Ja sitten on myös niin, että jos niitä reikiä syntyy, niin elinikä vähenee ja ihminen vanhenee nopeammin, sillä chakrojen reikiinnyttyä niiden elinvoima heikkenee ja ne eivät saa riittävästi praanaa eli elinvoimaa, jolla ne ylläpitävät kehon aineenvaihduntaa ja puolustusmekanismeja.

Joten jos ihmisellä on monia reikiä chakroissaan, niin hän ei välttämättä kuule ääniä, mutta hän voi olla vakavasti sairas. Joten nyt ymmärrätte positiivisen energian ja myös myönteisen ajattelutavan tärkeyden, sillä se pitää chakrat kunnossa, jolloin koko ihmisen keho, kuten myös sielu voi hyvin.

Energioiden tasapaino

Huonoja ovat, sanoi kettu, kun maistoi happamia puolukoita. Vaan aina osaa ihminen jostain valittaa. Ja sen tähden ihminen valittaa kun hänen egonsa niin käskee häntä.

Eli egon tehtävä on yrittää saada ihminen tuntemaan itsensä huonovointiseksi. Ja sen tähden, jos ihminen egoa kuuntelee, niin hän löytää aivan kaikesta jotakin, josta valittaa. Mutta ihminen, joka ei kuuntele egoaan, vaan pyrkii aina kääntämään asioiden ajattelutavan positiiviseksi voi paljon paremmin. Ja hän näkee niin monessa asiassa sen valoisan puolen, että muita ihmisiä alkaa se jo ärsyttää. Mutta se on silloin se ego, joka ärsyyntyy.

Ja aina kun ego tehtävässään onnistuu, niin silloin ego on jälleen onnistunut keräämään sitä negatiivisuuden energiaa ihmiseen. Ja kun tuota negatiivisuutta on riittävästi, niin silloin ihminen menee epätasapainoon, sillä tuolloin negatiivisuutta on enemmän kuin positiivisuutta ja tuolloin ihminen voi taasen huonosti ja saattaa sairastua ja voida mieleltään huonosti. Joten tuo negatiivisen ja positiivisen energian tasapaino on se, joka pitäisi pyrkiä saamaan hyväksi.

No entä, jos positiivista energiaa on liikaa, te kysytte, ja minä vastaan, että positiivista energiaa ei voi ihmisessä olla liikaa, jos se osataan kanavoida eteenpäin. Eli jos sitä tosiaan on enemmän kuin negatiivista energiaa, niin silloin on tilanne, että se pyrkii jollakin tavalla kanavoitumaan ihmisestä ulos, sillä ihmisen sielun dipoli on siten rakennettu ja luotu, että siihen vaikuttaa sekä positiivinen että negatiivinen pää. Ja jos jompaakumpaa on liikaa, niin sielu voi huonosti.

Mutta jos positiivista energiaa on liikaa, niin se ei muodosta sairauksia, vaan se pyrkii ihmiskehosta ulos Maailmankaikkeuteen. Ja ne reitit, joita se siihen käyttää ovat ihmisen tunteet ja ajatukset. Ja jos ihminen meditoi paljon eikä tee muuta, niin tuolloin hän ikään kuin lukkiutuu ja tuo positiivinen energia voikin muuttua vihan, katkeruuden tai muun negatiivisen energian muotoon, jotta se pääsee ihmisestä ulos. Ja se on huono asia, jos positiivisen energian täytyy purkautuakseen muuttua negatiiviseen olomuotoon.

Joten jos ihminen meditoi tai muulla keinoin kasvattaa positiivisen rakkausenergiansa määrää, niin tuolloin hänen tulisi myös kanavoida sitä rakkautena muille, jolloin ihmissielun tasapaino säilyy. Eli on niin, että jos aina meditoinnin jälkeen pyytää tuota saamaansa rakkausenergiaa kanavoitumaan esimerkiksi maapallon rauhan ja rakkauden hyväksi, niin tuolloin oma keho tasapainottuu.

Ja niin ei voi käydä, että ihmisestä lähtee tuolloin liiaksi positiivista energiaa, vaan aina kun kanavoi rakkausenergiaa muille, niin silloin kehosta lähtee kaikki oma ylimääräinen rakkausenergia ja loppu energia kanavoituu Maailmankaikkeudesta. Mutta toki jos ihminen ei niin pyydä, niin silloin ihmisen oma energia valuu tyhjiin ja niin ei ole hyvä. Eli jos esimerkiksi hoitaa toista ihmistä ja ei pyydä sitä asiaa, että voisi olla kanava rajan takaa saatavalle pyhälle rakkausenergialle, vaan ainoastaan ryhtyy antamaan toiselle ihmiselle energiaa, niin tuolloin se energia vain siirtyy hoitajasta hoidettavaan. Ja mahdollisesti käy vielä niin, että jos hoitaja ei ole mitenkään suojannut itseään eikä hoidettavaansa, että hoidettava saa hoitajaltaan paljon myös nega-tiivista energiaa ja samalla myös hoitajan kaiken positiivisen energian. Niin tuolloin hoidettava on aivan tukossa. Ja sitten voi käydä niin, että hoitaja antaa kaiken oman rakkaudellisimman energiansa pois ja ottaa omaan kehoonsa hoidettavaltaan kai-ken kipu- ja muun negatiivisen energian itseensä.

Eli aina kun kanavoi energiaa, niin tulee ensin suo-jata itsensä ja sitten tulee pyytää Maailmankaikkeu-desta sitä, että voi toimia kanavana Maailmankaik-keuden rakkausenergialle, niin silloin oma keho tasapainottuu, eikä se voi saada ympäriltään nega-tiivista energiaa itseensä ja silloin ei myöskään voi kanavoida itsestään negatiivista energiaa muihin.

Eli tässä nyt annan teille malliksi rukouksen, jolla voi pyytää sen rakkausenergian kanavoitumaan oikein:

Kanavana rakkaudelle

Rakas Jumala,

maan ja taivaan Luoja.

Kiitos siitä,

että voin nyt antautua kanavaksi

Maailmankaikkeuden rakkausenergialle.

Ja kiitos siitä, että minusta lähtee nyt

juuri oikea määrä

positiivista rakkausenergiaa pois

ja loput energiasta kanavoituu

Maailmankaikkeuden rajattomasta

rakkauden lähteestä.

Ja kiitos siitä,

että minä olen suojattu

Kristuksen kultaisella säteellä

kuten myös kanavointikohteeni

on siunattu Kristuksen kultaisella säteellä,

niin että vain rakkausenergia

voi kanavoitua välillämme.

Kiitos, kiitos, kiitos.

Ja tämän rukouksen kun tekee aina ennen kanavointia, niin silloin voi olla varma siitä, että sekä kanavoija, että myös energian vastaanottaja saavat osakseen vain ja ainoastaan rakkauden lähettämisestä ja vastaanottamisesta syntyvää hyvän olon tunnetta.

Tuomitseminen

Kaikkina aikoina on ollut sellaisia ihmisiä, jotka haluavat hyötyä toisten ihmisten kustannuksella. Ja ne ihmiset, jotka niin tekevät ovat oman elämänsä niin ennen syntymäänsä sopineet elävänsä.

Ja se tuntuu joskus hurjalta, ettei voi muuta valita kuin sen ajatuksen, että aina pyrkii vain hyötymään muista, sillä sehän tuntuu täysin rakkaudettomalta valinnalta. Mutta niin ei aina ole, sillä jos toinen ihminen on sopinut ennen syntymäänsä oppiläksyn tähän elämään, johon tarvitaan tällaisia hyväksi-käyttäjiä, niin silloin tarvitaan se ihminen joka häntä hyväksi käyttää. Mutta toki on niin, että vaikka ei ihmisellä olisi muuta vaihtoehtoa kuin toisista ih-misistä hyötyminen, niin silti niissäkin tapauksissa ihmisellä on muutamia eri tapoja valittavanaan, että miten hän sen tekee. Ja silloin nuo eri tavat sisältä-vät aina eri määriä rakkautta ja silloin voi tällainen-kin ihminen itse niin halutessaan valita sen kaik-kein rakkaudentäyteisimmän valintansa.

Mutta nyt se asia että miksi tätä nyt teille kerron. Ja se on nyt niin, että on olemassa ihmisiä, jotka tun-tuvat valitsevan aina negatiivisia valintoja, mutta kukaan ei voi heitä siitä tuomita, sillä voi olla, että ne valinnat, joita ihminen tekee ovatkin juuri ne kaikkein rakkaudellisimmat valinnat, vaikka se muiden ihmisten näkökulmasta katsottuna näyttäisi olevan se kaikkein negatiivisin valinta. Joten tulee aina muistaa se, että kukaan ihminen ei ole parempi toista. Joten on niin, että ei tule toista ihmistä mistään asiasta tuomita, sillä hän itse tuomitsee itse itsensä silloin, kun hän on kuoleman jälkeen rajan ylittänyt. Ja silloin ihminen käy läpi kaikki elämänsä aikana tehdyt valintansa ja tekee sitten päätöksen siitä, että miten itse itsensä tuomitsee.

Joten muistakaa rakkaat lukijat, että kun ihminen tuomitsee toisen ihmisen, niin tuolloin voikin olla niin, että kun hän toisen tuomitsee, niin silloin tuon tuomitsijan valinta onkin paljon rakkaudettomampi kuin tuomitun tuomittava teko onkaan ollut. Sillä se teko, josta ollaan tuomittu saattaa hyvinkin olla se vaihtoehtojen valinta, joka onkin se hänelle asetettu kaikkein rakkaudellisin valinta.

Joten älkää rakkaat ihmiset tuomitko toista ihmistä, sillä se ei ole teidän tehtävänne, vaan te itse itsenne tuomitsette. Ja aina kun te toisia tuomitsette, niin ne ovat aina niitä rakkaudettomimpia valintoja, sillä sellaista mahdollisuutta ei ole Jumalan kanssa sovittu, että se toisen ihmisen tuomitseminen olisi se kaikkein rakkaudellisin valinta, vaan aina on olemassa valintoja, jonka mukaan te teette suuremman rakkauden teon kuin se, että te menette ja tuomitsette toisen ihmisen.

47

Ja milloinkaan sellaisesta ei ole mitään hyötyä, sillä te saatte siitä jo heti sanottuanne pahan mielen. Joten älkää tuomitko, vaan antakaa jokaisen ihmisen elää omaa elämäänsä, sillä jokainen on itse vastuussa omista teoistaan eikä sitä kukaan heidän niskoiltaan pois ota. Joten älkää huolehtiko siitä, etteikö ihminen aina saisi ansionsa mukaan, sillä vaikka teistä tuntuu, että raiskaajat ja tihutöiden tekijät pääsevät tässä elämässä liian helpolla, niin tietäkää, että kuoleman jälkeen he tuomitsevat itse itsensä niin jyrkästi, että te ette sellaista tuomiota voi edes toisillenne maan päällä eläessänne antaa.

Joten jättäkää ihmisten tuomitseminen ja keskittykää siihen, että te itse eläisitte siten, ettei teidän kovin rankasti tarvitse itseänne kuoleman jälkeen rangaista. Ja sellaista mahdollisuutta ei ole, etteikö ihminen itseään kuoleman jälkeen rankaisisi, sillä on niin, että kun ihminen kuolee, niin hän käy aina tietyt asiat läpi ja yksi niistä on itsensä tuomitseminen. Ja siitä vaiheesta ei pääse läpi ennen kuin sen on oikeudenmukaisesti tehnyt. Joten älkää miettikö sitä, etteikö joku saisi riittävää rangaistusta teoilleen, vaan antakaa rakkauttanne pahojen tekojen tekijöille, niin silloin tuo pahantekijä voi jo eläessään muuttaa tapansa ja hänestä voi tulla täysin hyväsydäminen ihminen. Mutta jos aina vain tuomitsette ja suurennatte tuon pahantekijän negatiivisen energian määrää, niin silloin hän muuttuu vain enemmän negatiivisemmaksi ihmiseksi.

Joten nyt antakaa rakkautenne levitä ympäri maapalloa ja varsinkin niille ihmisille, jotka eniten rakkausenergiaa auraansa tarvitsevat eli niille pahojen asioiden tekijöille, joita eniten sydämissänne inholla ajattelette. Ja kun te niin teette, niin te puhdistatte myös oman sydämenne inholta ja opitte rakastamaan jokaista ihmistä tasa-arvoisesti. Sillä jokainen ihmissielu on yhtä pyhä ja täynnä pyhää rakkautta. Aamen.

Miks kaikki aina sotii?

Pienen pieni tyttönen
kasvoi aikuiseksi,
sitten tuli maailmaan
ja ihmetteli kovasti;

Niin on tuo maailma julma,
miks kaikki aina sotii?
Kun olisi niin hyvä olla
rauhallisin mielin.

Mutta niin nyt on,
että ilman sotaa ei voi elää,
sillä aina jossain riidellään
ja pahan mielen saa.

Mutta niin on tuo tyttö viisas,
että kätensä hän ristii
ja sitä kautta tuo
hän osaltaan
rauhaa ja rakkautta
tänne maailmaan.

Ei ole pimeää maailmaa

Kauhua, terroritöitä ja kaikkea kurjuutta ja surmaa aiheuttavia tekoja tapahtuu, kun ihminen ei itse hallitse mieltään, vaan sitä hallitsee hänen itsensä itselleen sopimansa elementaaliolennot. Ja se, että hän on ne itse itselleen sopinut on aina varmaa, sillä mitään eikä mikään asia maailmassa ole sattumaa tai jonkun ulkopuolisen uhan aiheuttamaa, vaan kaikki kokemukset, tunteet ja tapahtumat on ihminen itse itselleen ennen syntymäänsä sopinut. Joten niin on myös laita näiden elementaaliolentojen kanssa.

Eli ihminen on ennen syntymäänsä sopinut Jumalan rakkauden läsnä ollessa, että hän voisi elämässään kokea myös erilaisten alhaisen energiatason olentojen kanssa, että niitäkin hänen elämässään jonkin verran on. Ja omista valinnoistaan riippuen niitä on joko enemmän tai vähemmän. Ja jos ihminen esimerkiksi usein valitsee sen vaihtoehdon itse itselleen asettamistaan vaihtoehdoista, että juo usein alkoholia, niin se valinta tuo mukanaan paljon alemman tason energiaa. Ja sen myötä niitä elementaaliolentoja. Ja myös sen jälkeen tulevat vaihtoehdot on jo ennalta sovittu, että miten ihminen voi niistä olennoista eroon päästä.

51

Mutta jos ihminen jatkaa negatiivisempien valintojen valitsemista, niin jälleen tapahtuu ennalta sovittuja vielä negatiivisempia asioita ja niin edelleen.

Ja kuten nyt huomaat, niin toistan yhä uudestaan sitä, että kaikki on ennalta sovittua eikä siis ole muuta kuin ihmisen itse itselleen sopimansa vaihtoehdot. Ja on vain valintoja, jotka ovat joko positiivista rakkautta täynnä tai sitten vähemmän rakkautta täynnä olevia valintoja, mutta kaikki on rakkaudessa ennalta sovittua.

Eli ei ole olemassa mitään pimeää maailmaa, josta elementaaleja tulee. Ja ei ole olemassa pääpaholaista, joka olisi elementaalien ja muiden alempien olentojen johtaja, vaan on vain negatiivisten ajatusten muodostamia negatiivisia energiamuodostelmia, jotka materialisoituvat ihmisten auraan tuottaen hallusinaation omaisia tuntemuksia, sairauksia ja kaikkea muuta kurjaa. Joten ei ole hyvä ajatella niin, että nuo alemmat olennot olisivat ihmisistä riippumattomia jonkin pimeän maailman asukkaita, vaan ne ovat ihmisten itse tekemiä olentoja, joista voi päästä eroon.

Ja nyt haluan kertoa teille siitä, että miten niistä pääsee eroon. Ja nuo olennot vaikuttavat vain ajatusmaailman tasolla, vaikka ovatkin materialisoituneet auran kautta joskus jopa sairautena, niin niihin voi vaikuttaa ajatustapaansa muuttamalla.

52

Eli on niin, että jos ihminen on täynnä positiivista rakkausenergiaa eikä koskaan ajattele negatiivisesti, niin silloin elementaali ei pysty elämään ihmisen aurassa tai chakroissa ja silloin ne joko muuttuvat rakkaudeksi tai sitten siirtyvät sellaiseen energiaan, jossa ne taas pystyvät elämään. Joten nyt sanon teille tähän kohtaan, että jos te haluatte elää ilman elementaaleja, niin ajatelkaa asioita positiivisin mielin.

Pelko luo kummituksia

Outoja asioita tapahtuu. Ja niitä outoja asioita ovat kummitukset ja sellaiset kaikenmaailman oudoilta tuntuvat tapahtumat. Ja nuo kummitustarinat ovat oikeammin vain ihmisen oman pelon tuottamia materialisoituneita tapahtumia.

Eli on niin, että kun ihminen riittävästi uskoo jonkin asian tapahtuvan, niin silloin niin myös tapahtuu. Ja tällainen asia voi olla kyseessä silloinkin, kun ihminen kuulee kummituksen askeleita tai sitten talossa esimerkiksi ovet sulkeutuvat ja kaikenlaisia muita tapahtumia sattuu. Mutta niin on, että ihminen omalla pelkoenergiallaan tekee noita tapahtumia todeksi. Ja myös oman pelkonsa avulla ihminen alkaa nähdä kummituksia ja tekee niistä oikeita ihmishahmoisia olentoja antamalla niille olennoille riittävästi ajatusenergiaansa.

Eli on niin, että jokainen ns. kummitus on maanpäällä elävien ihmisten ajatusenergioista lähtöisin. Eli ei ole mahdollista, että ihminen alkaisi kuoltuaan vaeltamaan maa päällä henkiolentona, joka tekee pahoja tekoja, vaan aina tapahtuu niin, että ihminen kulkee tuon valotunnelin toiseen päähän ja siellä on täydellinen rakkaus eikä mitään manalaa.

Joten kun puhutaan, että joku henki on jäänyt vaeltamaan maan päälle, niin silloin onkin kyse siitä, että ihminen ajattelee menetettyä omaistaan tai muuta kuollutta ihmistä niin paljon, että tuo ajatus kuolleesta muodostuu energiakasautumaksi, joka pikkuhiljaa alkaa materialisoitumaan. Joten silloin ei ole kyse siitä, että joku sielu vaeltaisi maan päällä jo kuoltuaan, vaan kyse on ajatusmaailman harhaolennosta, joten se onkin aivan eri asia.

Ja tällaiset harhamaailman kummitukset on myös helppo poistaa, sillä riittää, että on riittävän vahva usko siihen, että tuon olennon voi muuttaa valoksi ja rakkaudeksi sanomalla tuolle olennolle, että "Jumalan nimeen mene valoon ja hajoa rakkaudeksi". Ja noin tuo olento lakkaa olemasta, sillä nuo pelkojen aiheuttamat ajatusolennot ovat muodostuneet negatiivisesta pelkoenergiasta, joten jos ne joutuvat menemään valoon ja hajoavat rakkaudeksi, niin tuolloin niistä poistuu kaikki negatiivinen energialataus ja silloin ne neutralisoituvat samaksi rakkausenergiaksi, jota kaikki maailman energia on.

Joten kun tiedät, että jossakin on kummitus, niin nyt tiedät, ettei se ole maan päälle vaeltamaan jäänyt ihmissielu, vaan se on jäljelle jääneitten ihmisten kaipauksesta ja pelosta muodostunut energiakertymä, jolla ei todellisuudessa ole mitään omaa identiteettiä, vaan se on pelkkä harhaolento. Ja niistä voi päästä eroon, kun käskee niiden muuttua valoksi ja rakkausenergiaksi.

Aaveet vain harhaa on

Kuolleita kukkia
ja kuolleita eläimiä
niistä viis.

Vaan kun ihminen kuolee
hän haudataan
ja suru on suuren suuri.

Mutta kuitenkin
tuo kuollut on onnellinen,
kun tuskistaan päässyt hän on.
Vaan moni
ei sitä ymmärtää voi,
vaan riippuu muistoissaan vain.

Ja muistot tulevat voimakkaiksi
ja lopulta tulevat todeksi.
Ja niin on syntynyt monet aaveet,
joita ihmiset pelätä voi.

Mutta aina,

kun muistat sä totuuden,

sen että pelkkää harhaa ovat nuo,

niin ei niitä pelätä tarvitse,

vaan rakkaudeksi

muuta ne ain.

Niin silloin

ei ole pelkoja maan,

vaan on vain autuuden rakkaus,

joka aina on vailla

pelkoja aaveita kohden.

Joten rakas oppilaani,

niin tiedä;

aaveet vain harhaa on.

Jumalan käsi on luova ajatus

Jumalan käsi on luonut monenlaisia asioita. Eli se ei ole luonut pelkästään kauneutta ja hyvältä tuntuvia asioita, vaan myös rumilta ja kurjilta tuntuvia asioita. Ja niin tulee olla, jotta maailman kaksijakoinen ajattelutapa voisi säilyä. Sillä jos ei olisi toistensa ääripäitä, niin olisi vain ja ainoastaan rakkauden olotila.

Mutta ihminen voi itse luoda omaa elämäänsä jatkuvasti. Ja on niin, että oikeammin sanottuna on niin, että ajatus on luonut kaiken, mitä maapallolla on, joten ei voi sanoa, että Jumalan käsi olisi kaiken konkreettisesti tehnyt, vaan Jumalan käsi tarkoittaa ajatusta, joka on kaiken luonut. Ja nuo ajatukset ovat jokaisen ihmisen käytössä, joten jokainen ihminen on Jumalan käsi. Joten olisi hyvä, jos ihminen tarkkailisi yhä enemmän sitä, että mitä ajattelee, sillä ajatus on niin voimakas, että se voi luoda aivan mitä tahansa. Joten se voi myös luoda sotaa jos ihminen ajattelee negatiivisesti. Eli ei tarvitse olla presidentti, kun voi jo sodan aiheuttaa. Ja niin on myös laita aivan kaikkien asioiden suhteen.

Eli jos aina pyrkii ajattelemaan positiivisesti, niin silloin tuo maapallolle positiivisia kokemuksia. Eli se, että pyrkii ajattelemaan positiivisesti vaikuttaa sekä omaan että myös muiden elämään rakkaudellisesti.

Mutta se, että miten sitä oppii aina ajattelemaan positiivisesti, onkin jo toinen asia. Eli voisi aloittaa siten, että kun kotona on paha mieli, kun esimerkiksi puoliso on sanonut pahasti, niin sitten voisikin yrittää miettiä sitä, että miten tuo sinulle sanottu asia voisikin olla positiivinen opetus sinulle. Tai että miten mukavaa on, kun taas seuraavalla kerralla hän sanookin jotain positiivista.

Eli aina on ihmisestä itsestään kiinni se asia, että miten kaiken itseensä kohtaan annetun kritiikin ottaa vastaan. Yleensähän ihminen vain suuttuu ja ajattelee mielessään, että tuo toinen on sitten tyhmä ja inhottava, kun ihminen voisikin toisin ajatellen oppia jotain ja samalla muuttaa itseään paremmaksi ihmiseksi.

Mutta aina se ei onnistu, vaikka kuinka yrittää. Ja jos toinen on oikein pahasti sanonut ja sinulle jää huono mieli, niin voit kuitenkin tehdä niin, että hiljennyt ja mielessäsi puhdistat tuon tilanteen siten, että kuvittelet tuon haukkumistilanteen ja asian eteesi sellaiseksi harmaaksi palloksi ja sitten jopa ihan konkreettisesti kädelläsi alat ikään kuin pyyhkimään tuosta ajatuspallosta harmaata negatiivista energiaa pois. Ja kun otat sitä negatiivista energiaa pois, niin samalla mielessäsi kiität siitä, että tuo irronnut huono energia muuttuu samalla positiiviseksi rakkausenergiaksi. Eli tavallaan ajattelet niin, että kun sinä kosketat negatiivista energiaa, niin sinun kätesi kosketus muuttaa sen negatiivisen energian rakkausenergiaksi.

Ja vielä voit ajatella niin, että kun olet tuosta pallosta saanut irrotetuksi palan negatiivisuutta, niin sitten kiität siitä, että Maailmankaikkeuden rajaton viisaus ottaa tuon palan nyt puhdistettavakseen. Ja voi vielä vaikka heittää tuon negatiivisen energiapalan Maailmankaikkeudelle, niin silloin tuo negatiivinen energia ei siirry jonnekin toiseen paikkaan, vaan se muuttuu positiiviseksi rakkaudeksi. Ja tällä tavoin voit käydä läpi koko tuon negatiivisen pallon.

Ja sitten kun sinulla on sellainen olo, että tuossa pallossa ei enää ole mitään negatiivista energiaa jäljellä, niin sitten voit vielä kiittää Maailmankaikkeutta siitä, että tuo pallo täyttyy nyt positiivisella rakkausenergialla. Ja voit sen pallon samalla lähettää siunaukseksi maapallolle antamaan rakkausenergiaa.

Ja sitten vielä teet niin, että tavallaan astut askeleen taaksepäin ja ikään kuin katkaiset kädelläsi ne energiasiteet, joilla olet ollut tuossa pallossa kiinni, niin sen jälkeen olet vapaa tuosta negatiivisesta asiasta kokonaan.

Ja tällä tavalla voit käsitellä myös monia sellaisia asioita, jotka ovat tapahtuneet jo kauan sitten. Eli näin voit puhdistaa mieltäsi aivan kaikista negatiivisista asioista ja samalla annat maapallolle rauhaa ja rakkauden energiaa, Aamen.

Egokin on rakkautta

Rakkautta on kaikki mitä on, te hoette ja sen jälkeen te saman tien unohdatte tuon lauseen ja sanotte, että maailmassa vaikuttaa paljon pimeyden energia eli negatiivinen energia. Ja sitten te vielä lisäätte, ettei tuo negatiivinen energia ole rakkautta, mutta kuitenkin pitäisi olla niin, että kaikki on rakkautta.

Ja tämä nyt sekoittaa teitä. Mutta on niin, että tuo negatiivinen energiakin on rakkautta. Sillä on niin, että negatiivinen energia on sitä energiaa, joka ennen syntymäänne on sovittu olemaan sitä energiaa, joka muodostuu sellaisista valinnoistanne, joissa on vähiten kaikkein rakkaudellisempi vaihtoehtojen voima. Sillä vaikka se on rakkautta vähiten sisältävä, niin silti se on rakkautta, koska muuta ei ole.

Mutta koska se on vähiten rakkautta sisältävä, niin silloin siinä on mukana pelon eli egon energiaa, joten siksi se muuttuu negatiiviseksi. Ja se negatiivinen taasen saa kaiken voimansa egon pelkoenergiasta. Joten on siis olemassa vain rakkautta. Ja nyt tähän asiaan minä nyt muistutan siitäkin, että ego on rakkaudessa teille sovittu asia eli sekin on rakkautta.

Joten jos ei olisi rakkautta, niin ei olisi myöskään sellaista toista ääripäätä kuin on negatiivinen energia, vaan olisi sellainen turtuneisuuden tila, jossa kukaan ei kokisi ja tuntisi yhtään mitään, jolloin ei voisi myöskään kokea rakkautta ja silloin ei tavallaan olisi rakkauttakaan. Mutta koska ennen syntymää on Jumalan kanssa sovittu, että ihmisellä on ego ja sen pelkoenergia, niin sen tähden voidaan myös kokea toinen ääripää eli rakkaus.

Mutta se tila, joka on ilman noita teidän erillisyyden tilassa kokemia harhan kokemustiloja, on sellaista rakkausenergiaa, josta aivan kaikki lopulta muodostuu. Ja te itse päätätte sen, että miten te tuota rakkausenergiaa muokkaatte erillisyydessänne. Ja te voitte käyttää sitä egon pelkoenergiana tai sitten te käytätte sitä positiivisina ajatuksina rakkautena.

Ja nyt on niin, että jos aina perustaa ajatuksensa egon antamiin pelkotiloihin, niin silloin sitä negatiivista energiaa alkaa kerääntymään isoiksi kasoiksi, jolloin ihminen luo negatiivisia olentoja. Mutta nyt tämän selityksen jälkeen te voitte jo ymmärtää sen, että nuo negatiiviset olennotkin ovat lähtöisin ykseyden rakkausenergiasta, mutta te vain luotte itse siitä rakkausenergiasta negatiivista energiaa ajattelemalla egon avulla pelon voimalla. Ja näin te luotte rakkausenergiasta omaan erillisyyden harhamaailmaan negatiivisia olentoja.

Mutta koska nuo negatiiviset olennot ovat luotuja rakkausenergiasta, niin ne on myös helppo muuntaa takaisin niiden alkuperäiseen muotoon eli rakkausenergiaksi. Ja siihen tarvitaan vain positiivista ja rakkaudellista ajattelua noita negatiivisia olentoja kohtaan, sillä jos niille antaa pelkoenergiaa, niin ne vain saavat lisää negatiivista energiaa itseensä ja voimistuvat. Mutta jos niille antaakin rakkautta, niin ne muuntuvat positiivista rakkausenergiaa hohtaviksi.

Joten vaikka tietäisit maailmassa olevan siellä täällä negatiivisia olentoja, niin älä pelkää niitä, se on turhaa, vaan rakasta niitä ja kiitä siitä, että ne ovat jo vaikuttaneet elämääsi kokemuksia rikastamalla. Ja vielä kuvittele nuo olennot vaaleanpunaista rakkautta hohtaviksi, niin jo huomaat, ettei sinua enää pelota ja ymmärrät negatiivisten olentojenkin olevan vain rakkausenergiaa.

Ja nyt tiedä olevasi siunattu Jumalan rakkaudella, sillä sinä olet rakkaus ja luoja, joten sinä itse päätät minkälaisesta energiasta sinun oma elämäsi koostuu. Ja mitä enemmän osaat ajatella maailmaa rakkauden kautta, niin sitä onnellisempi sinä ja kaikki muutkin voivat olla, Aamen.

Anteeksianto

Kuollessa ihminen käy ne kaikki vaiheet läpi, josta jo aiemmin olen vähän kertonutkin. Eli sen vaiheen sielu käy ensin läpi, että se miettii niitä asioita sydämen rakkaudella, mitä se on elämänsä aikana tehnyt. Ja silloin hän punnitsee sen rakkauden määrän, joka hänen valinnoissaan on ollut. Ja sen mukaisesti kuinka rakkauden täyteisiä hänen valintansa ovat olleet, niin sen mukaisesti hän itsensä tuomitsee.

Ja se tuomitseminen on niin jyrkkää, ettei sitä nyt ihmisenä täällä maan päällä eläessään voi ymmärtää. Vaan se on myös niin, että kun ihminen itse itsensä tuomitsee, niin silloin ei ole sitä vaihtoehtoa, että se tuomitseminen olisi jotenkin epäreilua. Joten kun ihminen itsensä tuomitsee, niin silloin ei ole olemassa mitään, minkä tähden olla katkera tai että minkä tähden voisi olla jollekin toiselle vihainen, vaan silloin on itse itsensä kanssa ja miettii, että miksi teki juuri nämä valinnat elämänsä aikana, kun ennen syntymää oli sopinut itselleen niin monia enemmän rakkautta hohtavia valintoja.

Mutta se, että mitä se tuomitseminen sitten oikein tarkoittaa, on se, että jos on tehnyt oikein pahoilta tuntuvia tekoja, niin sitten tuomio voi olla se, että kokee itse nuo samat kokemukset seuraavassa elämässään. Tai sitten voi tehdä sellaisia valintoja seuraavaan elämäänsä, että ei ole sellaista vaihtoehtoa, että voisi elää onnellisena ja silloin ei vain voi olla onnellinen, vaikka kuinka haluaisi. Ja nyt jo ehkä ymmärrätte sen, että kuinka tärkeää olisi valita se kaikkein rakkaudellisin vaihtoehto.

Mutta nyt siihen asiaan, josta nyt haluan teille puhua on se, että vaikka te olisitte tehneet tähänastisessa elämässänne monia tuhansia vääriä ja täynnä negatiivisuutta olevia vaihtoehtoja, niin aina on mahdollista saada anteeksi. Sillä on niin, että rakkausenergia ja henkisten lakien yksi suuri asia on se, että anteeksianto on suurinta rakkautta.

Eli tämä tarkoittaa sitä, että jos ihminen pyytää sydämestään tekojaan anteeksi, niin silloin hän ne myös anteeksi saa. Sillä rakkaus on pelastus ja se tarkoittaa sitä, että rakkausenergia voi neutraloida sen negatiivisen energian määrän, jonka ihminen on teoillaan ja väärillä valinnoillaan luonut.

Joten jos ihminen pyytää tekojaan anteeksi ja sitä myös tarkoittaa ja on siihen täysin kiinnittynyt, niin silloin hänen negatiivisuutta lisäävät tekonsa ikään kuin liukenevat Maailmankaikkeuden rakkausenergiaan. Ja silloin ne teot häviävät olemasta ja ihmissielu voi lopun elämänsä toimia rakkauden täyteisin valinnoin.

Mutta se vaatii sen jälkeen todella monia rakkaudentäyteisiä valintoja, sillä vaikka teot ovat anteeksi annetut, niin silti ihmissielun rakkausenergian määrä on nollilla. Joten siihen tarvitaan monia rakkaudentäyteisiä valintoja, jotta sielun dipoli olisi enemmän positiivinen kuin negatiivinen kuoleman jälkeen. Sillä helposti ihminen silti, vaikka on tekonsa anteeksi saanut, edelleen tekee huonoja negatiivista energiaa sisältäviä valintoja. Joten ei riitä se, että saa tekonsa kerran anteeksi, vaan sen jälkeen on myös alettava toimimaan niin, että valitsee rakkauden täyteiset valinnat. Mutta on myös niin, että kun Pyhä Henki laskeutuu anteeksiannon mukana ihmiseen, niin silloin ihmisen tunne-elämä saa sellaisen muutoksen, ettei hän enää sen jälkeen edes halua tehdä negatiivista energiaa sisältäviä valintoja.

Joten tiedä nyt, että rakkaus antaa kaiken anteeksi. Ja sen nyt sanon, että Jumala on rakkaus, joten rukoile Jumalalta anteeksiantoa, niin sinä sen myös saat, Aamen.

Rakkaus pelastaa ihmissielun

Rakkaus ei tunne rajoja.
Rakkaus tulee taivaasta.
Ja rakkaus on tässä ja nyt
ja muuta ei ole.
Ja vielä on niin, että
rakkaus kuulee ja näkee kaiken.
Ja rakkaus antaa kaiken anteeksi.

Ja rakkaus ei arvostele,
eikä tuomitse,
vaan rakkaus hyväksyy kaiken.
Sillä kaikki mitä on,
on luojan luomaa rakkausenergiaa,
joten kaikki mitä on,
on täydellistä,
eikä mitään epätäydellistä ole.

Joten rakkaus on se,
joka pelastaa ihmissielun.
Sillä kun ihmissielu
täyttyy rakkaudesta,
niin silloin se ymmärtää
olevansa täydellinen,
jolloin ei mikään eikä kukaan
voi sitä uhata.

Joten rakkaus
on pelastus monen sielun,
joka huutaa eksyneenä harhaillen.
Mutta turhaa on
tuo harhailu ja etsiminen,
sillä rauha ja rakkaus
on jokaisen sisällä
eikä sitä rakkautta
muualta löytää voi.

Ajatusten hallinta

Rakkautta on kaikki mitä on ja muuta ei ole. Joten myös aivan kaikki, mitä ihminen näkee ja kuulee on rakkautta. Joten sekin, että näkee aaveita on niin, että näkee rakkautta sellaisessa muodossa, että se ei tunnu rakkaudelta, vaan pahalta negatiiviselta energialta.

Ja niin on, että kun ihminen pääsee henkisen kasvunsa tiellä siihen pisteeseen, että hän hallitsee kaikki ajatuksensa, niin silloin ihminen pystyy ajattelemaan negatiivisen energian aiheuttamat elementaalitkin rakkausenergiana. Ja silloin hän ei pelkää mitään, vaan rakastaa kaikkea. Ja tuolloin ihminen voi saavuttaa täydellisen terveyden, sillä kaikki sairaudet ovat negatiivisen energian aikaan saamia harhaisia tiloja.

Mutta nyt te jo ajattelette, että tuo ei kyllä ole totta, sillä moni on jo syntyessään vammainen tai sairas, mutta tuolloin on kyse siitä, että ihmissielu on kuolemansa jälkeen sopinut, että hän syntyy seuraavaan kehoonsa sairaana, sillä hän on edellisessä elämässään tehnyt niin paljon negatiivisia tekoja ja valinnut aina kaikkein vähiten rakkautta sisältävät valinnat. Eli hän haluaa itse rankaista itseään.

Sillä ihminen tuomitsee aina itse itsensä, joten jos on jo syntyessään sairas, niin silloin on kyse itsensä tuomitsemisesta. Mutta tällaisistakin sairauksista voi päästä terveeksi, jos niin on ennen syntymäänsä sopinut. Ja silloin ihminen parantuu yleensä lääketieteen voimin tai sitten hänet voi parantaa esimerkiksi joku energiahoitaja tai muu vaihtoehtohoitoja tekevä. Mutta aina tuo parantuminenkin on ennen syntymää sovittu.

Mutta nyt vielä siihen asiaan, että jos ihminen hallitsee omat ajatuksensa täydellisesti, niin silloin hänelle on kaikki mahdollista, sillä sellainen ihminen kykenee luomaan elämästään juuri sellaisen kuin haluaa eikä hänellä ole siihen mitään esteitä.

Mutta yleensä onkin niin, että kun ihminen saavuttaa sellaisen olotilan, että hän hallitsee jokaisen ajatuksensa, että hän ei halua itselleen rikkauksia, sillä hän tietää, että raha ja muu varallisuus on vain harhaa eikä se tee ihmistä onnelliseksi. Joten hän ei yleensä haluakaan itselleen rikkauksia, vaan hän pyrkii tuomaan maapallolle rauhaa ja rakkautta, sillä ne kaksi asiaa tekevät ihmiset onnelliseksi, joten se on se asia, johon kannattaa ajatuksensa kohdistaa.

Mutta toki ihminen aina jossain määrin ajattelee myös itseään ja silloin ihminen luo itselleen perustarpeita kuten ruoan, vaatteet ja elintilan. Mutta ne ovat pieniä asioita, jotka ovat helposti saavutettavissa, kun ihminen vain hallitsee ajatuksensa.

Mutta jos hänellä on pienikin pelko siitä, ettei hänellä ole huomenna ruokaa, niin silloin hän ei hallitse ajatuksiaan ja tuolloin hänellä ei myöskään ole huomenna ruokaa.

Ja se miten tällaiseen olotilaan pääsee on pitkä prosessi. Mutta se onkin se prosessi, jota jokaisen olisi hyvä harkita, sillä se on se ainoa prosessi, jonka läpi ihmisen tulisi kulkea, jotta hän saavuttaisi täydellisen henkisen kasvun tilan.

Eli ihminen ei tarvitse henkiseen kasvuunsa kaiken maailman kursseja ja kouluja, vaan hänen ainoa keinonsa saavuttaa todellinen henkisen kasvun ylin taso on meditoiden ja omia ajatuksiaan seuraten pyrkiä löytämään olotila, jossa hän aina ajattelee positiivisesti ja tila jossa hän ei koskaan epäile mitään eikä pelkää mitään. Eli on vain saavutettava mielen hallintatila ja silloin ihminen on saavuttanut sen korkeimman henkisen tason, jonka ihminen vain eläessään maanpäällä voi saavuttaa.

Ja toki se olotila on helpoin saavuttaa siten, että aloittaa sen prosessin lähimmäisiään rakastamalla, sillä toiset ihmiset ovat ihmisen peilejä ja jos pystyy rakastamaan jokaista ihmistä, joita maapallo päällään kantaa, niin silloin voi rakastaa myös itseään. Ja jos voi rakastaa itseään ja muita, niin silloin voi tietää sen, ettei tarvitse ketään pelätä ja se on hyvä alku mielensä ajatusten hallintaan.

Mutta kuten jo sanoin, tämä prosessi on pitkä, mutta se kannattaa, sillä jos haluaa olla todella onnellinen, niin tämä prosessi on ainoa, jonka kautta täydellisen onnellisuuden tilan voi saavuttaa.

Ja seuraava kirja onkin alku sen prosessin läpikäymiseen. Sillä tämä kirja on nyt käyty loppuun. Ja nämä kolme ensimmäistä kirjaa kertovat henkisten lakien perusasioista, joten nyt ne asiat on pääpiirteissään käyty läpi ja nyt on aika aloittaa se osa tätä Äiti Marian opetuksia sarjaa, jonka tarkoituksena on opettaa ne vaiheet, joiden avulla ihminen voi elämänsä aikana saavuttaa täydellisen onnellisuuden tilan niin halutessaan. Ja nyt

Olkaa siunatut
Jumalan rakkauden, Pyhän Hengen ja
Jeesuksen Kristuksen nimeen,

Aamen.

Karmen Shi Englan

Rakkauden kultainen tie
Äiti Marian opetuksia osa I

Tämä kirja on kirjoitettu kanavoimalla suojelusenkeliämme Äiti Mariaa. Ja on niin, että tämä kirja antaa monelle sen lukijalle lohdutuksen omiin murheisiinsa. Ja on sellaisia murheellisia päiviä, joina tuntuu, ettei Jumala enää välitä meistä ihmisistä ja ettei Jumalaa edes olisi olemassa. Mutta niin ei suinkaan ole vaan Jumala on kanssamme joka hetki sillä Jumala on meidän sydämissämme ja Jumalaa me kaikki olemme. Joten ei voida ajatella etteikö Jumalaa olisi, mutta on olemassa erillisyyden harha, jossa me ihmiset elämme ja sen harhan tähden me kärsimme asioista, jotka totuudessa ovat vain harhaa. Ja tämä kirja kertoo siitä, miten tuosta harhasta voi hetkittäin irrottautua, jolloin sisäinen tietoisuus totuudesta voi loistaa. Ja tuolloin harhamaailma väistyy ja olemme yhtä tässä maailmankaikkeudessa. Ja on myös aika, joka on nyt alkanut ja se on rauhan ja rakkauden aika. Ja teistä jokainen voi tuon rauhan ja rakkauden ajan jo sydämessään tuntea, joten perehtymällä tähän kirjaan voit saada sydämeesi rauhan ja rakkauden tunteen, joka on jokaisen sielun syvin olemus.

Karmen Shi Englan

Oppaiden valtakunta
Äiti Marian opetuksia osa II

Tämä kirja on toinen osa Äiti Marian opetuksia kirjasarjasta. Ja tämä kirja kertoo teille siitä, miten oppaat ovat alati teidän kanssanne ja teidän apunanne. Ja on niin, ettei ole sellaista hetkeä ihmissielulla, etteikö hänen oppaansa olisi hänen vierellään. Ja tämän kirjan avulla voit saada yhteyden omaan rajantakaiseen autta-jaasi. Ja jos haluat voit jopa olla hänen ja heidän kanssaan yhteydessä päivittäin, jolloin saat apua moneen arkiseen ongelmaasi. Sillä on niin, että oppaiden tehtävä on se, että he auttavat ihmisiä heidän päivittäisissä ongelmissaan. Ja jos heiltä ei apua pyydä, niin he eivät voi sitä antaa. Joten on tärkeätä, että jokainen ihminen maan päällä oppisi sen asian, että apua tulee pyytää. Ja se nostaa sekä avun pyytäjän että myös avun antajan henkistä tasoa. Joten hyviä opiske-luhetkiä sinulle, joka tahdot tietää enemmän oppaiden valtakunnasta.

teksti Karmen Shi Englan/lukija Shi Arjelin

Rauhan ja Rakkauden meditaatio
Kanavoitu Äiti Marialta

Tämä CD on meditaatio, jonka on Äiti Maria kana-voinut Karmen Shi Englanin kautta teidän ihmisten käytettäväksi. Tämä CD-meditaatio on rauhan ja rakkauden meditaatio, joka puhdistaa teidät sekä fyysisesti että psyykkisesti. Eli teidän sielunne valo puhdistuu egon harhojen negatiivisista ajatuskuvioista. Ja tällöin myös teidän fyysinen terveytenne tulee paremmaksi, koska kaikki kehon kivut ja vaivat ovat lähtöisin ajatusmaailmasta joko tästä elämästä tai aiemmista. Joten tämän meditaation avulla voit tervehtyä sairauksista. Ja sen avulla voit osata valita elämässä paremmin oikeita valintoja, sillä elämässä tehdään joka hetki valintoja. Ja jos halutaan tehdä rakkaudellisia valintoja, niin silloin sydämen tulisi olla puhdas ja loistava. Ja tämän meditaation avulla sydämesi valo tulee loistamaan jopa niin, että ympärillä olevat ihmisetkin saavat siitä osansa.

Joten nauti tämän CD:n tuomasta rauhasta ja rakkauden tunteesta! Terveisin elämänohjeita jakava Äiti Maria, oma rakas suojelusenkelinne.

Meditaation lukijana toimii Shi Arjelin, jonka ääni on erittäin terapeuttinen ja hoitava.

BioforceCenter
association ry

BioforceCenter association ry
on rekisteröity yhdistys,
jonka tarkoituksena on
henkisten kirjoituksien, elämänohjeiden,
energiahoitojen ja taiteen kanavoiminen
rajantakaisilta auttajilta.

Kirjoja ja CD-levyjä myydään
BioforceCenter association ry:n toimesta
sekä myös monissa kirjakaupoissa
sekä internet kirjamyynnissä.

www.bioforcecenter.net